Starke Frauen und ihre Katzen

Diane Lovejoy

Starke Frauen und ihre *Katzen*

Porträts außergewöhnlicher Beziehungen

FREDERKING & THALER

KATZENMÜTTERCHEN ODER STARKE FRAU?

VON Diane Lovejoy

Als mir aufging, dass ich auf dem besten Weg war, mich zur ernsthaften Katzenliebhaberin zu entwickeln, traf mich das völlig unvorbereitet. Vielleicht hätte ich eher bemerkt, dass dieser Weg einem Minenfeld gleicht und man ihn nur mit einem dicken Fell beschreiten kann. Gerade weil ich mich bei dem Gedanken so wohlfühlte, war ich nicht auf den Sturm von Beleidigungen und den Zickenterror vorbereitet, der mir jeden Moment drohte.

Mir war nur klar, dass ich Katzen liebte, und das allein zählte. Für mich war mein Weg eine Verheißung, die mich unmittelbar ansprach. Er war eine Aufforderung zum Handeln.

Vermutlich langweilte ich Freunde, Kollegen und Verwandte mit meinen endlosen Monologen darüber, wie schön es ist, für viele Katzen gleichzeitig zu sorgen. Zeitweise lebten zehn bei mir: Lucius, Lydia, Lillie, Leo, Linus, LB, TJ, Perkins, Miss Tommie und Alvar. Nur die hartnäckigsten Schwarzseher in meinem Umfeld hoben jedoch den Zeigefinger und fragten mich: »Alles gut und schön, aber willst du wirklich zum Katzenmütterchen werden?« In alten Horrorfilmen erklingt an dieser Stelle ein düsterer Orgelakkord: Auftritt der überspannten Katzennärrin.

Worauf beruht dieses wenig schmeichelhafte Image eigentlich? Ist es die Erfindung eines entgleisten Wissenschaftlers? Die Fleisch gewordene Fantasie eines Schriftstellers? Ein Konglomerat, zusammengestückelt von einem verstörten Soziologen? Ich wollte endlich die wahre, unverfälschte Katzenfreundin kennenlernen.

Das Bild, das sich unsere Kultur von ihr macht, hat tiefe Wurzeln, so tief, dass sie als Urbild des »Un-«Weiblichen durchgehen könnte. Haben Sie bemerkt, wie oft die negative Vorsilbe »un-« viele Adjektive erweitert, die eine solche Person beschreiben? Sie gilt als unansehnliche Frau: ungekämmt, unmodisch – gelinde gesagt: nicht als Stilikone. Die typische Vertreterin dieser Spezies ist unverheiratet, »immer Brautjungfer, nie Braut«. Ohne Umschweife: Sie ist bedauernswert einsam, eine einsiedlerische Grenzgängerin, deren Leben leicht aus den Fugen gerät – aber sie findet schnell in ihre Komfortzone zurück, wenn sie streunende Katzen füttern kann. Katzenmütter brauchen viel Raum für sich, den sie mit ihrem adoptierten Rudel teilen können. Aus guten Gründen haben Männer in dieser Welt absolut keinen Platz.

In den Augen der übrigen Menschen füllt ihre Tierkolonie ein Vakuum, das entsteht, weil diese Sorte Frau ohne Mann und Kind lebt. Sie kann es niemandem recht machen und sollte sich gleich der Schar von Hexen, Zwergen und grässlichen alten Vetteln anschließen, die wir aus den Märchen der Gebrüder Grimm kennen.

Die Katzennärrin ist Zielscheibe flauer Witze und eine unentbehrliche Figur in vielen Comicstrips. Aber auch eine Inspiration für viele wie mich, die begriffen haben, dass katzenliebende Frauen sich kaum von fanatischen männlichen Sportfans unterscheiden. Verdienen wir Katzenfreundinnen nicht den gleichen Respekt? Wird das Leben durch brennende Leidenschaft und exzentrische Besessenheit nicht erst interessant und reizvoll? Trotzdem vollführt man einen Eiertanz, will man das Negativimage des Katzenmütterchens vermeiden, ein Wort, bei dem sich mir und vielen der mit mir befreundeten Katzenfreundinnen das Fell sträubt.

Seit jeher passe ich nicht genau ins Bild, das man sich landläufig von der Katzenfreundin macht. Als ich vor mehr als vierzehn Jahren meinen ersten Streuner adoptierte, Lucius, war ich schon seit zwölf Jahren glücklich mit meinem Mann Michael verheiratet. Obwohl meine Laufbahn als Lektor von Museumspublikationen und Kunstbüchern kein Gehalt abwarf, das mir Einkaufstouren bei Chanel und ähnlichen Haute-Couture-Tempeln erlaubte, genoss ich die Komplimente, die man mir für meine Kleiderwahl machte. Ich war eine verheiratete und modebewusste Karrierefrau, die sich für ihre Katzenliebe nicht schämte.

Nicht nur die Rettung von Stubentigern lag mir am Herzen – siebzehn während vier glücklichen, an Selbsterkenntnis reichen, wenn auch logistisch anspruchsvollen Jahren –, ich wollte endlich auch die Katzenfreundinnen aus ihrer Schandecke holen. Ich entwarf den Schlachtplan für einen nimmermüden Feldzug gegen den schlechten Ruf, der ihnen anhaftete. Es kam aber anders, als ich es mir gedacht hatte. Völlig unerwartet hob ich einen wahren Schatz verschiedenster Bilder, die schicke starke Frauen mit Katzen zeigten.

Wie in aller Welt konnte man nur darauf kommen, Chic und Katzenliebhaberei seien ein Widerspruch in sich? Meine Arbeit entpuppte sich leichter als gedacht. Die schicke Katzenfreundin gab es wirklich – und sie war schmuck wie eine Rassekatze.

Meine Bilderjagd führte mich in die Archive von Künstlern und Fotografen und schenkte mir Momente, in denen sich »Wow« und »Miau« in einem Atemzug begegneten. Glanz! Glamour! Allüre! Auch Katzenfreundinnen gehören zur Gemeinde der Schönen auf den roten Läufern, wo das Imagebewusstsein gepflegt wird.

Fotografen sind Meister des Künstlichen und der Illusion, und ich räume ein, dass viele der von mir für dieses Buch ausgewählten Bilder von Fotografen inszeniert wurden, die bestimmte weibliche Musen (und die Katzenquote?) im Sinn hatten. Puristen könnten mir mit einem gewissen Recht vorwerfen, dass auch meine Bildauswahl künstlich wirkt. Trotzdem stellen die hier zusammengetragenen Bilder in ihrer Gesamtheit das liebgewordene, aber letztendlich rufschädigende Bild von der Katzenliebhaberin infrage, das unsere Gesellschaft pflegt. Es handelt sich schließlich nicht um das jeweils Zweite jener »Vorher-Nachher«-Bilder, die so häufig in Modemagazinen zu finden sind. Die Kamera lügt nicht: Diese großartig fotogenen Frauen mussten sich nicht unter ein Photoshop-Messer legen, um in Bildern an der Seite von Katzen zu glänzen. Vielfach verkörpern diese starken Frauen in ihrer klassischen Schönheit angeborenen Chic. Manchmal zeigt sich Chic auch als eine kraftspendende Geisteshaltung.

Im Lauf der Geschichte haben Künstler das Bild einer ewig attraktiven Frau an der Seite einer Katze entworfen – mit sich selbst im Reinen, konzentriert und überaus selbstbewusst. Schönheit ist tatsächlich oberflächlich und liegt im Auge des Betrachters, bei uns Katzenliebhaberinnen, die wir unsere Vorbilder und Zeitgenossen bewundern, aber auch bei den Katzen, die auf den Bildern zu sehen sind. Diese glücklichen Geschöpfe haben einen Logenplatz neben schicken starken Frauen ergattert.

Ich bin sicher, dass jede Frau, ob fotografiert, gemalt oder gezeichnet, eine zusätzliche Aura gewinnt – eine Art Heiligenschein –, wenn neben ihr eine Katze hervorlugt, zu ihren Füßen ruht, sich gemütlich in ihren Schoß kuschelt oder sich so prachtvoll um ihren Hals schmiegt wie ein Schal von Hermès. Die Bilder zeigen auch faszinierende Schwingungen und Seelenverwandtschaften in ihrer ganzen Bandbreite: Anmutige Gesten und Haltung bei Damen und Katzen gleichen sich oft. Elegante Frauen wiegen elegante Katzen in ihren

Armen. Ausgebuffte Katzen ziehen kultivierte Damen unwiderstehlich an. Auf verschiedenen Fotos heben Frauen die Tiere vom Boden hoch, um ihren Blick zu erwidern, manchmal tanzen beide buchstäblich Wange an Wange.

Katzen sind bekanntlich wählerische Wesen, die sich herausputzen und ob ihrer Vollendung gepriesen, wenn nicht sogar angebetet werden wollen. Es war nur konsequent, wenn Fotografen und Künstler häufig Katzen zusammen mit unwiderstehlich schicken Frauen, die an Bewunderung gewöhnt waren, in Szene setzten.

Ich glaube an die Schönheit aller Katzen, ungeachtet ihres Alters, ihrer Körperform oder Größe – ob Schildpatt oder Tabby, Gefleckte oder Maine Coon. Auch schwarze Katzen treten in diesem Buch auf. Diese geschmeidigen Wesen, manchmal Panthern im Kleinformat ähnelnd, haben den Ruch von Aberglauben und Pechbringern längst hinter sich gelassen. Lauren Bacall, Carole Lombard und Carla Bruni-Sarkozy zählen zu den namhaften Frauen, die stolz eine schwarze Katze ins Bild heben. Schon lange vor den allgegenwärtigen Selfies schoss die Fotografin Dora Kallmus ein frappierendes Selbstporträt, zu dem ganz selbstverständlich das Katzengesicht einer schwarzen Schönheit gehört.

Nach Bildern von schicken Katzenfreundinnen zu fahnden, war ein beglückendes Erlebnis. Fantasien vom Aufbau eines Imperiums entstanden vor meinem inneren Auge, bevölkert von einer Schar attraktiver Frauen mit ihren Tieren. Warum sollte man nicht eine eigene Marke kreieren? Das Markenzeichen bestünde aus ineinander verschlungenen Buchstaben *KF* (für Katze und Frau), gestaltet in einer stilvollen Schrift. Schluss mit der Ausgrenzung, stattdessen ein klares Bekenntnis! Ich stelle mir dieses Monogramm auf einem klassischen Pepitajäckchen von Meisterhand vor. Vielleicht sollte ich Ralph Lauren kontaktieren, den Experten für globale Premiummarken und Harris-Tweed.

Schon während ich Bilder von starken Frauen mit ihren Katzen bewunderte, begann ich sie nach meinen eigenen Kriterien zu sortieren. Eine Gruppe bestand aus bildschönen Frauen, die sich hübsch anzogen und zeitgemäße Accessoires wählten, sei es in einem ägyptisch anmutenden, exotischen, bodenlangen Abendkleid, das die Design-Kleidung von Etro vorwegnimmt, in einer prächtig gefärbten Renaissance-Robe mit passender turbanartiger Kopfbedeckung oder in hauchzarten Gespinsten im Stil der Präraffaeliten. Dann sind da noch die rothaarige Schönheit, deren Zuchtperlenkette eine Doppelrolle als Katzenspielzeug wahrnimmt, und eine der tonangebenden Innenarchitektinnen des 20. Jahrhunderts, Elsie de Wolfe (Lady Mendl), die weiße Handschuhe trägt, während sie zwei Katzen hält und sie unzweifelhaft mit der entsprechenden Dienstfertigkeit behandelt. Unverkennbar billigten alle Katzen die elegante Pracht, die ihre Ladys von Kopf bis Fuß ausstrahlten.

Am anderen Ende des Spektrums stehen jene Frauen, die in Gegenwart ihrer Samtpfoten gar nichts anhaben und folglich keinen Anspruch darauf erheben können, auf den jährlichen Hitlisten der am besten Gekleideten zu erscheinen. Ein besonderer Blickfang ist ein Gemälde, das, dem Künstler zufolge, eine Allegorie auf die Musik darstellt. Meiner Meinung nach zeigt es die multitaskingfähige Frau: Sie ist nackt, hält ein Notenbuch in der einen und eine Gambe in der anderen Hand. Eine mächtige weiße Katze steht Wache. Wir Katzenfreundinnen wissen, was es heißt, rund um die Uhr mit Aufgaben zu jonglieren. Wer braucht schon Allegorien? Viel wichtiger: Was haben Katzen an sich, das manche Frauen dazu bringt, sich in ihrer Gegenwart im Evaskostüm zu räkeln oder Tagträumen hinzugeben? Die splitternackten Katzenmütter in diesem Buch haben lästige Hüllen abgeworfen und sind in etwas Bequemeres geschlüpft. Vielleicht sind sie ungehemmter, oder sie besitzen genug Selbstsicherheit, auch dann Stil zu verströmen, wenn sie keinen Faden am Leib tragen.

Eine verführerische Fotografie von Ann Sheridan in Spitze, die nichts verbirgt, variiert das Thema Nacktheit in einer Weise, die das Stereotyp des altbackenen, zerzausten Katzenmütterchens im ausgefransten Morgenmantel endgültig zur Seite schiebt. Die Anziehungskraft des Animalischen funktioniert in beiden Richtungen, ob bei Kätzchen oder It-Girls. Wussten Sie übrigens, dass Ursula Andress, das erste Bond-Girl, eine Katzenliebhaberin ist?

In königlicher Haltung zu posieren gehörte für die legendären Leinwandstars einfach dazu. Die exquisiten Bilder von Hollywoods weiblichen Darstellerinnen zogen mich magisch an, und ihre vierpfotigen Begleiter bezauberten mich. Spot, Kamera, Frau mit Katze! Ich sehe schon die aufgeregten Twittermeldungen der Societyreporter vor mir: »Was trägt die Frau an der Seite der Katze?«

Sähe ich doch nur so aus wie Dolores del Rio, die in jeder Lebenslage umwerfend wirkte und deren Ausstrahlung in Megawatt gemessen wurde. Die gebürtige Mexikanerin begann ihre Filmkarriere in der Stummfilmzeit und galt weltweit als die personifizierte Latina-Schönheit. Miss del Rio ist untadelig frisiert, ihr gewelltes schwarzes Haar umrahmt kunstvoll ihr Antlitz. Der Filmstar schmust mit einer schwarzen Katze, Joan, und es sieht so aus, als richteten sich beide auf einen gemütlichen Abend vor dem offenen Kamin ein. Ich stelle mir vor, dass Joan von ihrer verführerischen Katzennärrin hypnotisiert wurde.

Wie viele andere Frauen habe auch ich schon davon geträumt, dass ich eines Tages – Glaube versetzt bekanntlich Berge – aufwachen und wie Audrey Hepburn aussehen werde. Schon in meiner Kindheit haben mich meine Eltern mit ihren Filmen bekannt gemacht, und *Frühstück bei Tiffany* war aus mehreren Gründen mein liebster. Mein Vater hat mir New Yorker Blut vererbt, ich besaß preiswerten Silberschmuck von Tiffany und ich wollte das schwarze Givenchy-Kleid haben, das Holly Golightly in der unvergesslichen Eröffnungsszene des Films trägt. Ich gestehe, schwarze Kleider zu sammeln, trotz ihrer magischen Anziehungskraft auf Katzenhaare (jede Katzenbesitzerin trägt eine kleine Kleiderbürste bei sich).

Auch jetzt noch sehe ich den Film immer wieder gerne, nur dass mich jetzt Hollys Interaktion mit ihrem namenlosen Kater fesselt. Ich habe ihr den nicht allzu aufmerksamen Umgang mit ihm am Anfang des Films verziehen. Angesichts ihrer durchgemachten Nächte ist es verständlich, wenn sie Cocktails und Gänseleberpastete mehr Bedeutung beimisst als Trockenfutter. Aber Holly macht ihr Versäumnis wieder gut, als sie »Kater« im strömenden Regen in den Hinterhöfen New Yorks sucht. Sie tut das in tadelloser Haltung, in einem hellbeigen Burberry-Trenchcoat. Audrey Hepburn ist eine unwahrscheinlich schicke Frau und Katzenfreundin, deren Stil ich nachzuahmen versuche.

Auch die zarte Lieblichkeit von Vivien Leigh fasziniert mich schon lange. Eine meiner Großtanten war Klatschkolumnistin für den »Hollywood Reporter«, und sie und Leigh waren seit ihrer ersten Begegnung Ende der 1930er-Jahre eng befreundet. Ein eigenhändig unterschriebener Brief von Leigh aus den 1960er-Jahren, den ich von meiner Tante geerbt habe, gehört zu meinen wertvollsten Besitztümern. Dieses verblasste Schriftstück – mit der Begrüßung »Radie, Liebling« – verbindet mich mit der Frau, die in meinen Augen immer Scarlett O'Hara sein wird. Im wahren Leben war sie eine passionierte Katzenliebhaberin, die sich unzählige Male mit ihren Siamesen fotografieren ließ.

Müsste ich ein Filmfestival für Katzenfreundinnen organisieren, stünde *Meine Braut ist übersinnlich* an erster Stelle. Kim Novak spielt Gil Holroyd, eine atemberaubend schicke Galeriebesitzerin und moderne Hexe, die in einer Abhängigkeitsbeziehung mit ihrem »Famulus« Pyewacket lebt. Welche modeverrückte Katzenfreundin giert nicht nach dem Cape mit Leopardenmuster und den Jean-Louis-Abendkleidern, die Gil mit unverkennbarer Noblesse trägt?

Wenn man es recht bedenkt, ist Leopard nie aus der Mode gekommen. Liegt es daran, dass das Leben wie ein Dschungel sein kann, dass die Modemacher sich immer wieder von Wildkatzen inspirieren lassen? Wenn Sie in Ihrem Kleiderschrank irgendetwas mit Leopardenmuster besitzen, dann weist Sie das auch formell als Katzenliebhaberin aus.

Französische Katzenfreundinnen sind eine außergewöhnlich modische Rasse. Sie verfügen in höchstem Maße über das unnachahmliche gewisse Etwas. *Miau* ist *très chic*, wie die Fotos von Brigitte Bardot, Juliette Gréco und Jeanne Moreau in diesem Buch eindrucksvoll belegen.

Wenn ich an Grace Kelly denke, dann sticht ein Bild heraus. Deshalb sind Bilder so kraftvoll – wenn sie sich einmal unauslöschlich eingeprägt haben, verblassen sie kaum. Ich sehe Miss Kelly als verzückte Braut vor mir, wie sie durch den Mittelgang einer Kirche ihrer zukünftigen Rolle als Fürstin von Monaco entgegenschwebt. Ich musste lächeln, als ich auf das großartige Foto von Grace Kelly mit einem Tabby-Kätzchen stieß, das sein Glück wohl kaum fassen konnte, als dieser auf eine gelassene Art schicke Star es so eng an sich gepresst hielt.

Während der Bildauswahl für dieses Buch erfuhr ich von einem Foto von Marilyn Monroe, das gerade aufgetaucht war. Robert Vose, der auch das Bild von Grace Kelly geschossen hatte, machte das magische Bild von Miss Monroe mit ihrem Kätzchen Serafina während der Dreharbeiten zu *Machen wir's in Liebe*. Könnte man sich etwas Besseres vorstellen als ein säuselndes »Hallo, Kätzchen« aus dem Mund der Monroe? Sie bewies, dass Frauen, Katzen und Sexappeal in einem Atemzug genannt werden können.

Eine Katzenliebhaberin trifft instinktiv den richtigen Ton, um ihren Tieren zu schmeicheln oder um sie zu beruhigen. Jacqueline Kennedy-Onassis, die unerreichbare Stilikone, wenn es nach mir geht, besaß nicht nur bekanntlich eine katzenkompatible, hauchige Stimme; unter den unzähligen Fotos von ihr liebe ich besonders eines aus der Zeit, bevor sie First Lady wurde. Mrs. Kennedy thront, wie eine wachsame Katzenmutter, über ihrer Tochter Caroline und zwei Katzen.

Jackie O regt meine Kreativität an. So wie sie im Weißen Haus neue Akzente in Sachen Kultur und Stil setzte, träume ich davon, eine neue Katzenkultur zu etablieren. Stellen Sie sich die bunten Soiréen vor, die von Künstlern und Wirtschaftsgrößen, Schriftstellern und Models, Sängern und Tänzern besucht werden – mit ihren Katzen, versteht sich. Die Jahrzehnte verwischen sich, ich begrüße meine arrivierten Gäste, darunter Tracey Emin, Leonor Fini, Georgia O'Keeffe und Lauren Pears; Colette, Margaret Mitchell und Veruschka; Lana Del Rey, Carrie Ann Inaba und Diana Ross. Hillary Clinton schaut herein und hält eine improvisierte Rede. Dolly Parton, meine Lieblings-Country-Sängerin, trifft als letzter Gast ein. Sie bringt uns ein Ständchen mit ihrem größten Hit, »I Will Always Love You«, und jede Katze hängt an ihren Lippen.

Katzenliebhaberinnen in aller Welt, lassen Sie es sich gesagt sein: Sie stehen ab sofort im Scheinwerferlicht. Ich habe die Ehre, auf den folgenden Seiten Mitstreiterinnen aus allen Ecken der Erde vorzustellen, deren Chic für immer unbestritten bleiben wird.

Wir werden keine Witzfiguren mehr sein. Wenn Ihnen jemand das nächste Mal mit unverhohlenem Mitgefühl sagt, »Ach, Sie haben *wirklich* viele Katzen?«, versprechen Sie mir, dass Sie diese Ehre mit einem Lächeln annehmen. Wir haben jeden Grund zum Feiern. Der Bildband in Ihrer Hand ist ein beeindruckender Stammbaum unserer gemeinsamen Sache.

RECHTS: Kim Novak und Pyewacket in dem Film *Meine Braut ist übersinnlich*, 1958.

OBEN: Ava Gardner und Siamesen, um 1945.

RECHTS: Grace Kelly mit Kätzchen während der Dreharbeiten von *Über den Dächern von Nizza*, 1954. Fotografie von Robert Vose.

LINKS: Anna Karina mit Katze.

OBEN: Greta Garbo mit der Katze von Cecil Beaton in seiner Villa Reddish House in Broad Chalke, England, 1951. Fotografie von Cecil Beaton.

»MAN HAT PLÖTZLICH ANGST

UND WEISS NICHT, WOVOR …

WENN ICH IRGENDWO EIN FLECKCHEN FINDE,

WO ICH DASSELBE GEFÜHL HABE WIE BEI TIFFANY,

DANN KAUF ICH MIR 'NE EINRICHTUNG

UND GEB DER KATZE EINEN NAMEN.«

—AUDREY HEPBURN ALS HOLLY GOLIGHTLY
IN *FRÜHSTÜCK BEI TIFFANY*

Audrey Hepburn und »Kater«, aus dem Film *Frühstück bei Tiffany*, 1961. Fotografie von Howell Conant.

RECHTS: Sunny Harnett, eine Katze haltend. Fotografie von John Rawlings.

UNTEN: Mia Farrow mit Katze, 1967.

OBEN: Dora Kallmus, österreichische Fotografin (1881–1963). *Madame d'Ora, Selbstportrait*, Paris, um 1925.

RECHTS: Gina Falckenberg mit Katze, 1937. Fotografie von Imre von Santho.

LINKS: Elinor Glyn mit Katzen, 1932.

OBEN: Jemima Khan mit Katze, 2013.

RECHTS: Elizabeth Taylor und ihre Siamesische Katze, 1956. Fotografie von Sanford Roth.

UNTEN: Diana Ross mit Katze, aus dem Film *Mahogany*, 1975.

OBEN: Lauren Bacall mit Katzen, 1940er-Jahre.

RECHTS: Anita Louise, eine Katze haltend, um 1936. Fotografie von Lusha Nelson.

»ICH BIN EINE KATZE. KATZEN GEHEN NICHT GERNE NACH DRAUSSEN. SIE SETZEN IHRE DUFTMARKEN ÜBERALL IM HAUS, UND DAS WIRD DANN IHR HEIM. WENN SIE ALSO MIT EINER KATZE LEBEN, LEBEN SIE EIGENTLICH IM HAUS EINER KATZE.«

— CARLA BRUNI-SARKOZY

Carla Bruni-Sarkozy mit Katze. Fotografie von Guy Reno.

LINKS: Hjoerdis Hjalmarsdotter mit ihrer Katze, 1955.

OBEN: Jeanne Moreau mit Katze. Fotografie von Sam Levin.

OBEN: Joan Jett und Tchatchke, New York City, 1981. Fotografie von Laura Levine.

RECHTS: Christopher Nevinson, britischer Maler (1889–1946). *Ein Studio in Montparnasse*, ausgestellt 1926, Öl auf Leinwand.

LINKS: *Miss Bermicchi mit Buzzer, dem Kater*, 1916, Glasnegativ. Fotografie von Arnold Genthe.

OBEN: Hedda Sterne und ihre Katze, um 1940. Fotografie von Evelyn Hofer.

Veronica Lake mit Katze, 1942.

RECHTS: Lana Del Rey mit Katze, 2012. Fotografie von Ellen von Unwerth.

LINKS: *Dear Pussy* [Porträt von Beatrice Wood], 1998, chromogener Abzug. Fotografie von Marlene Wallace.

OBEN: Lady Daphne Finch-Hatton und Whiskey, einer Katze die im Studio der »Kamerakünstlerin« Madame Yevonde lebte.

»ICH BIN IN WAHRHEIT EINE KATZE,

DIE IN EINE FRAU VERWANDELT WURDE …

ICH SCHNURRE, ICH KRATZE,

UND MANCHMAL BEISSE ICH.«

—BRIGITTE BARDOT

Brigitte Bardot mit Katzen, 1956.

Harijs Eibersteins, venezolanischer Maler (1906–1964). *Portrait einer eleganten Dame mit ihrer schwarzen Katze*, 20. Jahrhundert, Öl auf Leinwand.

LINKS: Juliette Gréco mit Katze, 1949.

OBEN: Wilhelmina Cooper mit Katze, 1962. Fotografie von Karen Radkai.

RECHTS: Mary Astor mit Katze. Fotografie von Edward Steichen.

OBEN: Philip Wilson Steer, britischer Maler (1860–1942). *Hydrangeas*, 1901, Öl auf Leinwand.

LINKS: Ali MacGraw mit Katze, aus dem Film *Love Story*, 1970.

Martha Stewart mit ihrer Persianerkatze,
1980. Fotografie von Arthur Schatz.

OBEN: Maya Lin mit Katze, 2002. Fotografie von Enrico Ferorelli.

RECHTS: Katharine Hepburn mit Katzen, aus dem Film *Vier Schwestern*, 1933. Fotografie von Henry Guttmann.

»WENN MAN SICH MIT EINER KATZE EINLÄSST,

RISKIERT MAN LEDIGLICH, REICHER ZU WERDEN.«

—COLETTE

Colette und ihre Katzen, um 1925.

UNTEN: Eva Longoria mit Katze während Werbeaufnahmen in Beverly Hills, Kalifornien, 2013. Fotografie von Casey Rodgers.

RECHTS: Evelyn De Morgan, britische Malerin (1855–1919). *Der Liebestrank*, 1903, Öl auf Leinwand.

paracel-
sus

OBEN: Anna Pavlova zu Hause in London mit ihrer Katze, um 1920.

LINKS: Marilyn Monroe und ihr Siamesenkätzchen Serafina, 1960. Fotografie von Robert Vose.

OBEN: Mary Jane Russell mit Katze auf einem Leopardensofa, Paris, 1951. Fotografie von Louise Dahl-Wolfe.

LINKS: Claudia Cardinale mit Katzen, 1960er-Jahre.

Lee Meriwether (als Catwoman) mit Katze, aus dem Film *Batman hält die Welt in Atem*, 1966.

UNTEN: Veruschka und eine Siamesenkatze im Haus des brasilianischen Autors Jorge Amado, um 1968. Fotografie von Franco Rubartelli.

RECHTS: Anja Silja mit ihrer Katze, 1969. Fotografie von Jochen Blume.

»ICH KÜMMERE MICH UM MEINE PFLANZEN UND MEINE KATZEN. UND ICH LIEBE ESSEN. UND DAS HEISST FÜR MICH LEBEN.«

—URSULA ANDRESS

Ursula Andress mit Katze, um 1965.

OBEN: Edith »Little Edie« Bouvier Beale mit Katze in Grey Gardens, 1951.

RECHTS: Adolf Pirsch, österreichischer Maler (1859–1929). *Bildnis einer Dame mit Katze*, um 1900. Öl auf Leinwand.

UNTEN: Jacqueline Bouvier Kennedy mit Caroline Kennedy und zwei Katzen, Hyannis Port, Massachusetts, Sommer 1960. Fotografie von Jacques Lowe.

RECHTS: Natalie Wood mit Katze, aus dem Film *Peeper*, 1976.

LINKS: Carole Lombard mit Katze, um 1935.

OBEN: Kees van Dongen, niederländischer Maler (1877–1968). *Frau mit Katze*, 1908, Öl auf Leinwand.

»KATZEN SIND IN JEDER HINSICHT DIE VOLLENDETSTEN LEBEWESEN AUF DIESEM PLANETEN. SIE LEBEN NUR NICHT LANG GENUG.«

— LEONOR FINI

Leonor Fini mit Katze, 1936. Fotografie von Dora Maar.

LINKS: Cecilia Beaux, amerikanische Malerin (1855–1942). *Sita und Sarita*, 1893/94. Öl auf Leinwand.

OBEN: Komtesse Marie-Blanche de Polignac mit ihrer Katze, Frankreich, 1934. Fotografie von Boris Lipnitzki.

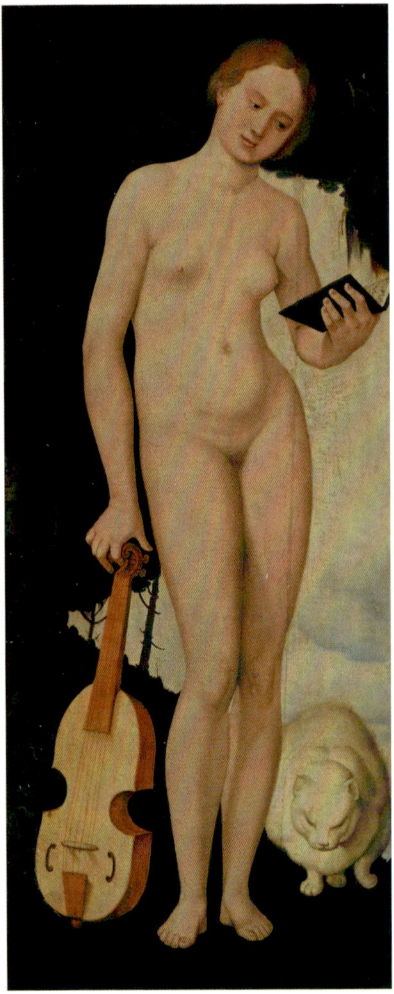

OBEN: Hans Baldung, deutscher Maler, (1484/85–1545). *Allegorische Frauengestalt mit Notenbuch, Gambe und Katze*, 1529, Farbe auf Nadelholz.

RECHTS: Maya Deren mit Katze, aus dem Buch *In the Mirror of Maya Deren*, 2002.

LINKS: Elsie de Wolfe (Lady Mendl) und zwei Katzen, Paris, 1946. Fotografie von Louise Dahl-Wolfe.

UNTEN: P. B. Hickling, britischer Illustrator (1876–1951). *Addition und Subtraktion*, 1926, Zeichnung.

LINKS: »Twiggy Geisha« aus der Zeitschrift *Mlle Âge Tendre*, 1968.

OBEN: Tsukioka Yoshitoshi, japanischer Illustrator (1839–1892). *Mühevolle Aussichten – Die Erscheinung einer Jungfrau der Kansai-Ära*, 1888, farbiger Holzblockdruck.

»SOCKS LIEBT ES BESONDERS,

FÜR BILDER ZU POSIEREN.«

—HILLARY CLINTON

First Lady Hillary Clinton mit Socks, 1995.

OBEN: Charles Massard, französ Maler (1871–1913). *Dame mit einer Katze*, 1904, Öl auf Leinwand.

LINKS: Dolores del Rio und ihre Katze Joan, um 1935.

Ingrid Bergman mit Katze.

LINKS: Tracey Emin mit ihrer Katze Docket, 2005. Fotografie von Mary McCartney.

RECHTS: Halle Berry mit Katze, aus dem Film *Catwoman*, 2004.

UNTEN: Lena Horne mit Kätzchen. Fotografie von Florence Homolka.

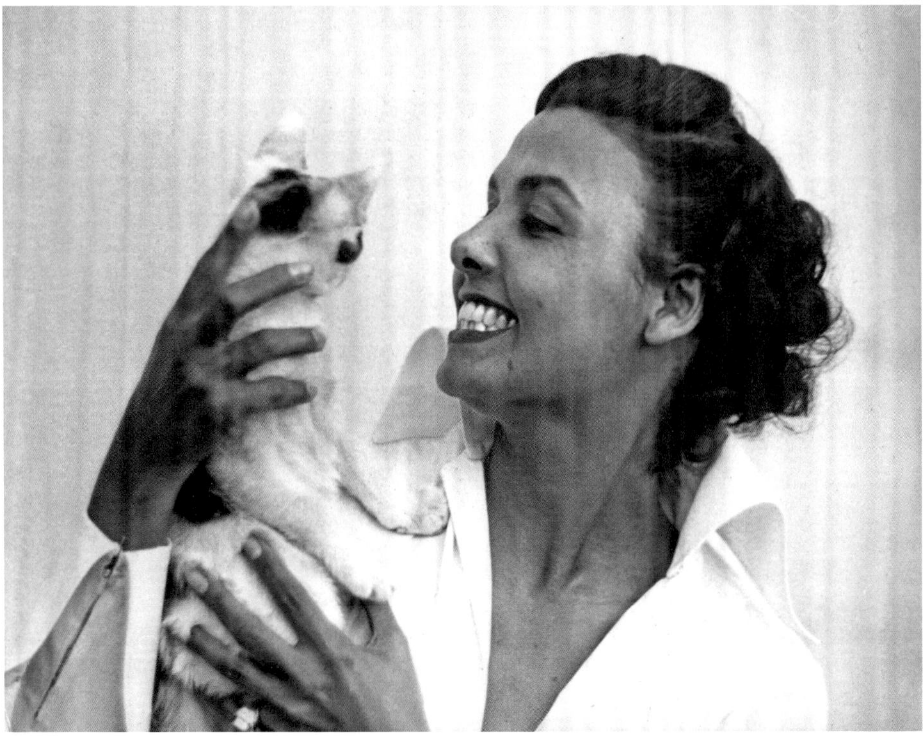

»ICH BIN OPTIMISTIN.

WENN ICH MORGENS AUFSTEHE,

MACHE ICH ZUERST

DEN KAFFEE UND DANN SAGE

ICH ZU MEINER KATZE: ›WIR HABEN

EINEN TOLLEN TAG VOR UNS.‹«

—PATRICIA HIGHSMITH

Patricia Highsmith mit Siamese.

OBEN: Jane Russell mit Katze.

RECHTS: Georgia O'Keeffe mit Katze, New Mexico, um 1935. Fotografie von John S. Candelario.

LINKS: Edith Head mit Katze. Fotografie von Bob Willoughby.

UNTEN: Francesco Ubertini, gen. Bacchiacca, italienischer Maler (1494–1557). *Dame mit Kätzchen*, um 1540-50, Öl auf Holz.

Alexandre Cabanel, französischer Maler (1823–1889).
Cleopatra erprobt Gifte an zum Tode Verurteilten, 1887,
Öl auf Leinwand.

Eartha Kitt mit Katze, 1960er-Jahre.

LINKS: Anita Ekberg mit Katze, 1966. Fotografie von Pierluigi Praturlon.

OBEN: Jean-Baptiste Perronneau, französischer Maler (um 1715–1783). *Magdaleine Pinceloup de la Grange, geb. de Parseval*, 1747, Öl auf Leinwand.

LINKS: Dolly Parton mit Katze, aus einer Fotositzung für *Dolly and Friends*, 1970er-Jahre.

OBEN: Pierre Carrier-Belleuse, französischer Maler (1851–1933). *Ballerina und schwarze Katze*, 19. Jahrhundert, Pastell auf gezogener Leinwand.

Lauren Pears mit Katze, 2013.
Fotografie von Ki Price.

RECHTS: Romy Schneider mit Katze, aus dem Film *Was gibt's Neues, Pussy?*, 1965.

LINKS: Claire Bloom mit Katze, 1951.

UNTEN: Walter Crane, britischer Maler (1845–1915). *Zu Hause: Ein Portrait*, 1872, Tempera auf Papier.

OBEN: Boris Michailowitsch Kustodijew, russischer Maler (1878–1927). *Gattin des Kaufmanns*, 1912, Öl auf Leinwand.

RECHTS: Jean Harlow mit Persianerkatze.

LINKS: Sophia Loren mit Katze, aus dem Film *Gestern, heute und morgen (Ieri, oggi, domani)*, 1963.

OBEN: Anselmo Miguel Nieto, spanischer Maler (1881–1964). *Desnudo del gato (Nackte mit Katze)*, nicht datiert, Öl auf Leinwand.

Carrie Ann Inaba und Shadow.
Fotografie von Robert Sebree.

RECHTS: Zelda Fitzgerald mit Katze, um 1928/30.

ALABAMA

»ICH WAR IMMER SCHON VERRÜCKT NACH KATZEN.«

– VIVIEN LEIGH

Vivien Leigh und Siamese, 1950er-Jahre. Fotografie von Leslie Baker.

LINKS: Keira Knightley mit Katze. Fotografie von Arthur Elgort.

UNTEN: Louise Nevelson mit Katze, um 1970. Fotografie von Geoffrey Clements.

Margaret Mitchell mit Katze, undatierte Fotografie.

RECHTS: Johann Zoffany, deutscher Maler, arbeitete in England (1733–1810). *Portrait der Sophia Dumergue*, um 1780, Öl auf Holz.

Ann Sheridan mit Katze.

BILDNACHWEIS

Seite 13: Columbia/The Kobal Collection, Art Resource, New York
Seite 14: Silver Screen Collection/Moviepix/Getty Images
Seite 15: Fotografie für *Look*, Shorpy.com
Seite 16: The Kobal Collection, Art Resource, New York
Seite 17: Mit freundlicher Genehmigung des Cecil Beaton Studio Archive bei Sotheby's
Seite 18 und Umschlagfront: Fotografie für Paramount; Paramount/Howell Conant/The Kobal Collection, Art Resource, New York
Seite 20: Photofest
Seite 21: Fotografie für *Vogue* © Condé Nast
Seite 22: Österreichische Nationalbibliothek
Seite 23: ullstein bild/The Granger Collection, New York
Seite 24: Mary Evans Picture Library/National Magazine Company
Seite 25: © 2013 *The New York Times Magazine*
Seite 26: Paramount/The Kobal Collection, Art Resource, New York
Seite 27: © Sanford Roth/A.M.P.A.S./mptvimages.com
Seite 28: Everett Collection
Seite 29: © Condé Nast
Seite 31: Guy Reno/BtooB/eyevine/Redux
Seite 32: ullstein bild/The Granger Collection, New York
Seite 33: Sam Levin/Camera Press London
Seite 34: © Laura Levine
Seite 35: Tate Gallery, London. Fotografie © 2013 Tate, London
Seite 36: Library of Congress Prints and Photographs Division, Washington, D.C.; mit freundlicher Genehmigung der Library of Congress, LC-G432-1584-A
Seite 37: Hedda Sterne Papers, Archives of American Art, Smithsonian Institution © Estate of Evelyn Hofer
Seite 38: Photofest
Seite 39 und Umschlagrückseite (l.): Ellen von Unwerth/Trunk Archive
Seite 40: © The Museum of Fine Arts, Houston, Garth Clark and Mark Del Vecchio Collection, Museumsankauf unterstützt durch den Caroline Wiess Law Accessions Endowment Fund; Foto mit freundlicher Genehmigung The Museum of Fine Arts, Houston
Seite 41: Fotografie von Madame Yevonde © Yevonde Portrait Archive/ILN/Mary Evans Picture Library
Seite 42: Photofest
Seite 44: Rue des Archives/The Granger Collection, New York
Seite 45: Fotografie © VAN HAM/Fuis Photographie Köln
Seite 46: Fotografie für *Vogue* © Condé Nast
Seite 47: Fotografie von Edward Steichen © Condé Nast
Seite 48: Fotografie für die Öffentlichkeitsarbeit der Paramount © United Archives/Topfoto/The Image Works
Seite 49: Fitzwilliam Museum, University of Cambridge, England/The Bridgeman Art Library
Seiten 50–51: Arthur Schatz/Time & Life Pictures/Getty Images
Seite 52: © 2002 Enrico Ferorelli
Seite 53: RKO Radio Pictures/Photofest © RKO Radio Pictures
Seite 55: Musée d'Art Moderne Richard Anacreon, Granville, France/Archives Charmet/The Bridgeman Art Library
Seite 56: Casey Rodgers/Invision for Sheba®/AP Images
Seite 57: © The De Morgan Centre, London/The Bridgeman Art Library
Seite 58: Fotografie für *Look*; King Rose Archives
Seite 59: Fotografie von Lafayette Ltd., London; Mary Evans Picture Library
Seite 60: Photofest
Seite 61: Fotografie von Louise Dahl-Wolfe (1895–1989), Silbergelatineabzug, angefertigt von Christopher Green, 1985. Sammlung des Center for Creative Photography © 1989 Center for Creative Photography, Arizona Board of Regents
Seiten 62–63: 20th Century Fox/Greenway/The Kobal Collection, Art Resource, New York
Seite 64: © Condé Nast
Seite 65: © ullstein bild–Jochen Blume/The Image Works
Seite 66: Photofest
Seite 68: Fotografie von »Big Edie« (Edith Ewing Bouvier) Beale; mit freundlicher Genehmigung der Grey Gardens Collections (www.greygardenscollections.com)
Seite 69: Verkauft durch das Dorotheum, Wien, Österreich; Foto mit freundlicher Genehmigung des Dorotheums Wien, Katalog der Auktion vom 7. Februar 2013
Seite 70: © Jacques Lowe Photography

Seite 71: 20th Century Fox/ The Kobal Collection, Art Resource, New York
Seite 72: Fotografie von John Kobal Foundation/ Getty Images; John Kobal Foundation/Moviepix/Getty Images
Seite 73. Milwaukee Art Museum, Geschenk von Mrs. Harry Lynde Bradley, M1975.170 © Artists Rights Society (ARS), New York/ADAGP, Paris; Foto von John R. Glembin
Seite 74: The Museum of Fine Arts, Houston, Museumsankauf unterstützt durch die Annenberg Foundation, mit freundlicher Genehmigung von Wallis Annenberg, The Manfred Heiting Collection © 2013 Artists Rights Society (ARS), New York /ADAGP, Paris; Foto mit freundlicher Genehmigung des Museum of Fine Arts, Houston
Seite 76: Erich Lessing/Art Resource, New York
Seite 77: Fotografie von Boris Lipnitzki; Lipnitzki/Roger Viollet/Getty Images
Seite 78: Alte Pinakothek; Bpk, Berlin/Alte Pinakothek/Art Resource, New York
Seite 79: Everett Collection
Seite 80: Fotografie von Louise Dahl-Wolfe (1895–1989), Silbergelatineabzug, angefertigt von Christopher Green, 1984. Sammlung des Center for Creative Photography © 1989 Center for Creative Photography, Arizona Board of Regents
Seite 81: © Illustrated London News Ltd./Mary Evans Picture Library
Seite 82: © TopFoto/The Image Works
Seite 83: National Gallery of Australia, Canberra/erworben 1995/The Bridgeman Art Library
Seite 85: Mit freundlicher Genehmigung der William J. Clinton Library, Little Rock, Arkansas
Seite 86: Hulton Archive/Getty Images
Seite 87: Private Sammlung/ Waterhouse & Dodd, London, England/The Bridgeman Art Library
Seite 88: Mary McCartney/ Camera Press London
Seite 89: Photofest
Seite 90: Mit freundlicher Genehmigung von Keith de Lellis Gallery © Nachlass von Florence Homolka
Seite 91: Warner Bros./DC Comics/The Kobal Collection, Art Resource, New York
Seite 93: Schweizerisches Literaturarchiv, Bern, Schweiz
Seite 94 und Umschlagrückseite (r.o.): Photofest
Seite 95 und Umschlagrückseite (r.u.): Palace of the Governors, Santa Fe, New Mexico
Seite 96: © Bob Willoughby/ www.mptvimages.com
Seite 97: Private Sammlung. Foto © Christie's Images/ The Bridgeman Art Library
Seiten 98–99: Koninklijk Museum voor Schone Kunsten, Antwerpen, Belgien/The Bridgeman Art Library
Seiten 100–101: Everett Collection
Seite 102: Pierluigi Praturlon/ Mondadori Portfolio via Getty Images
Seite 103: The J. Paul Getty Museum. Digitalbild mit freundlicher Genehmigung des Open Content Program beim J. Paul Getty Museum
Seite 104: © REX USA/CSU Archives/Everett Collection
Seite 105: Private Sammlung. Foto © Christie's Images/ The Bridgeman Art Library
Seite 106: © Ki Price
Seite 107: British Film Institute
Seite 108: © TopFoto/The Image Works
Seite 109: Leeds Museums and Galleries (Leeds Art Gallery), England/The Bridgeman Art Library
Seite 110: Russisches Museum, St. Petersburg, Russland/ Giraudon/The Bridgeman Art Library
Seite 111: Photofest
Seite 112: The Granger Collection, New York
Seite 113: Private Sammlung, Madrid; Album/Art Resource, New York
Seite 114: © SebreePhoto.com
Seite 115: Everett Collection/ Mondadori Portfolio (AA306189)
Seite 116: Leslie Baker/Camera Press London
Seite 118: Fotografie für *Vogue* © Condé Nast
Seite 119: Louise Nevelson Schriften, Archives of American Art, Smithsonian Institution © Geoffrey Clements
Seite 120: Atlanta History Center, Georgia; Kenan Research Center at the Atlanta History Center
Seite 121: © Victoria Art Gallery, Bath and North East Somerset Council/The Bridgeman Art Library
Pages 122–123: Photofest
Seite 126: Bild mit freundlicher Genehmigung der Virág Judit Galéria

DANKSAGUNG

Mein tiefempfundener Dank gilt Lyn DelliQuadri, meiner Freundin und früheren Chefin am Art Institute of Chicago, und Jane Lahr, dass sie bereit waren, als meine Agentinnen für »Starke Frauen und ihre Katzen« aufzutreten. Sie setzten sich schon früh für dieses Projekt ein und standen jederzeit für fachmännische Hilfestellung zur Verfügung. Obwohl David Cashion sich gleich zu Beginn als Hundeliebhaber outete, entpuppte er sich als der ideale Lektor für ein Buch, in dem die Katze das Leittier darstellt. Es war eine besondere Ehre, mit David und dem außergewöhnlichen Team bei Abrams Image zusammenzuarbeiten, und ich möchte auch Deborah Aaronson, der Verlegerin, danken. Rachel Willey komponierte eine Buchgestaltung, die Elemente von zeitlosem und zeitgenössischem Chic miteinander verbindet.

Marty Stein und Kem Schultz verhielten sich überaus kollegial, und ich hätte dieses Buch nicht ohne die scharfsinnige Unterstützung von Margaret McKee herausbringen können, einer professionellen Bildredakteurin, die schon früher für mich freiberuflich gearbeitet hat. Heather Brand, eine Freundin und Katzenliebhaberin wie ich, erklärte sich bereit, mein einleitendes Essay in seinen verschiedenen Stadien zu lesen und die herausgehobenen Zitate einiger der hier im Buch vertretenen starken Frauen zu überprüfen.

Ich danke besonders meiner Mutter, meinem Mann und meinen felltragenden »Kindern«. Zu guter Letzt möchte ich dieses Buch Lucius widmen, der mir immer in Erinnerung bleiben wird. Ich hoffe, dass er seine Katzenmutter schick fand.

Géza Faragó, ungarischer Maler, 1877–1928. *Schlanke Frau mit einer Katze*, 1913. Öl auf Leinwand.

IMPRESSUM

Verantwortlich: Dorothea Sipilä
Redaktion, Satz und Übersetzung: VerlagsService Dietmar Schmitz
Umschlaggestaltung: uhu-design
Repro: Repro Ludwig
Herstellung: Barbara Uhlig
Gesamtherstellung: Verlagshaus GeraNova Bruckmann

★★★★★

Sind Sie mit diesem Titel zufrieden? Dann würden wir uns über Ihre Weiterempfehlung freuen. Erzählen Sie es im Freundeskreis, berichten Sie Ihrem Buchhändler, oder bewerten Sie beim Onlinekauf. Und wenn Sie Kritik, Korrekturen, Aktualisierungen haben, freuen wir uns über Ihre Nachricht an Frederking & Thaler Verlag, Postfach 40 02 09, D-80702 München oder per E-Mail an lektorat@verlagshaus.de.

Unser komplettes Programm finden Sie unter:

www.frederking-thaler.de

Alle Angaben dieses Werkes wurden vom Autor sorgfältig recherchiert und auf den aktuellen Stand gebracht sowie vom Verlag geprüft. Für die Richtigkeit der Angaben kann jedoch keine Haftung übernommen werden. Für Hinweise und Anregungen sind wir jederzeit dankbar.
Bitte richten Sie diese an:
Frederking & Thaler Verlag
Postfach 40 02 09
D-80702 München

Die Deutsche Nationalbibliothek verzeichnet diese Publikation in der Deutschen Nationalbibliografie; detaillierte bibliografische Daten sind im Internet über http://dnb.d-nb.de abrufbar.

Die englischsprachige Originalausgabe erschien unter dem Titel »Cat Lady Chic« bei bei Abrams Image, ein Imprint von ABRAMS.

ISBN 978-3-95416-150-8